The Brave Ballerina and Other Stories: Bilingual Swedish-English Stories for Kids

Pomme Bilingual

Published by Pomme Bilingual, 2024.

While every precaution has been taken in the preparation of this book, the publisher assumes no responsibility for errors or omissions, or for damages resulting from the use of the information contained herein.

THE BRAVE BALLERINA AND OTHER STORIES: BILINGUAL SWEDISH-ENGLISH STORIES FOR KIDS

First edition. June 27, 2024.

Copyright © 2024 Pomme Bilingual.

ISBN: 979-8227336392

Written by Pomme Bilingual.

Table of Contents

Sigrid, Den Modiga Ballerinan 1

Sigrid, The Brave Ballerina 5

Ett Magiskt Äventyr 9

A Magical Adventure 13

Mirakelboken: Ett Sagolikt Äventyr 17

The Miracle Book: A Fairytale Adventure 21

En Sång för Alla 25

A Song for Everyone 29

Regnbågsälvan 33

The Rainbow Fairy 37

Prinsessan Klara och Det Magiska Riket 41

Princess Klara and the Magical Kingdom 45

Fia och Det Stora Äventyret 49

Fia and The Great Adventure 53

Mimmi och Stjärnornas Hemlighet 57

Mimmi and The Secret of the Stars 61

Sigrid, Den Modiga Ballerinan

Det var en gång en liten flicka vid namn Sigrid, som bodde i en liten by långt bortom bergen. Sigrid hade alltid drömt om att bli en ballerina. Hon kunde inte ens minnas en tid när hon inte dansade runt i sitt rum, gjorde piruetter och hoppade från möblerna som om de var scener i en stor operahus.

Sigrid hade en hemlig plats i skogen där hon brukade öva sina danssteg. Det var en glänta med mjukt gräs, omgiven av höga träd som böjde sig som en publik. Hon kallade det för sin magiska dansglänta. Varje dag efter skolan skyndade hon sig dit, bytte om till sin favoritklänning och dansade tills solnedgången färgade himlen rosa och orange.

En dag när Sigrid dansade hörde hon ett prasslande ljud från buskarna. Hon stannade upp och såg sig omkring. Ut ur buskarna kom en liten grå kanin med stora, nyfikna ögon. Kaninen hoppade närmare och satte sig ner för att titta på Sigrid. "Du dansar vackert," sa kaninen med en mjuk röst.

Sigrid skrattade. "Tack! Jag visste inte att kaniner kunde prata."

"Jag är ingen vanlig kanin," sa den lilla kaninen. "Jag är en magisk kanin, och jag har sett många stora dansare. Men ingen dansar som du."

Sigrid rodnade och såg ner på sina fötter. "Tror du verkligen det?"

Kaninen nickade ivrigt. "Absolut. Men du behöver en mentor. Någon som kan lära dig att bli ännu bättre."

"Men vem skulle kunna lära mig?" frågade Sigrid, nyfiken.

Kaninen skuttade närmare och viskade, "Det finns en gammal ballerina som bor vid skogens kant. Hon har dansat på världens största scener. Hon kan hjälpa dig."

Sigrid blev alldeles uppspelt. "Var kan jag hitta henne?"

"Följ bara stigen genom skogen," sa kaninen. "Du kommer att känna igen hennes lilla hus. Det ser ut som en dansskola."

Nästa morgon gick Sigrid upp tidigt, packade en liten väska och begav sig ut på stigen genom skogen. Det var en lång vandring, men Sigrid tänkte på sitt mål och kände sig aldrig trött. När hon till slut såg huset kände hon igen det direkt. Det var ett litet, charmigt hus med ett stort fönster som vette mot en trädgård full av blommor. Hon knackade försiktigt på dörren.

En gammal kvinna med vitt hår och mjuka ögon öppnade dörren. "Kan jag hjälpa dig, lilla vän?" frågade hon vänligt.

Sigrid tog ett djupt andetag. "Jag är Sigrid, och jag drömmer om att bli en stor ballerina. Kan du hjälpa mig?"

Kvinnan log och öppnade dörren bredare. "Kom in, kära barn. Jag är fru Andersen, och jag skulle vara hedrad att hjälpa dig."

Från den dagen kom Sigrid till fru Andersen varje morgon. Fru Andersen lärde henne de finaste teknikerna, och de dansade tillsammans i trädgården. Varje dag blev Sigrid starkare och mer graciös. Fru Andersen berättade också historier om sina egna upplevelser som ballerina, om de fantastiska platser hon hade besökt och de otroliga människor hon hade mött.

Sigrid lärde sig att varje dans hade en berättelse, och hon började skapa sina egna. Hon dansade om prinsessor och drakar, om hjältar och äventyr. Hon insåg att dansen inte bara handlade om rörelser, utan om att uttrycka känslor och berätta historier.

En dag kom fru Andersen med en överraskning. "Jag har anmält dig till en stor danstävling i staden," sa hon. "Det är din chans att visa världen vad du kan."

Sigrid var både nervös och exalterad. Hon hade aldrig dansat inför en stor publik förut. Men hon kom ihåg allt fru Andersen hade lärt henne och kände sig redo.

På tävlingsdagen var stadens teater fullsatt. Sigrid stod bakom scenen och kände fjärilar i magen. När hennes namn ropades ut, tog hon ett djupt andetag och steg fram. Musik började spela, och Sigrid började dansa. Hon tänkte på sin magiska dansglänta, på den lilla kaninen och på fru Andersen. Hon dansade med hela sitt hjärta.

När musiken tystnade stod publiken upp och applåderade. Sigrid log stort och bugade djupt. Hon hade gjort det! Hon hade visat världen sin dans.

Efter tävlingen kom fru Andersen fram till henne med tårar i ögonen. "Jag är så stolt över dig, Sigrid," sa hon. "Du har en gåva, och du har arbetat så hårt för att förverkliga din dröm."

Sigrid kramade fru Andersen hårt. "Tack för allt, fru Andersen. Jag kunde inte ha gjort det utan dig."

När de gick hem genom skogen den kvällen, såg Sigrid upp mot stjärnorna och kände sig lyckligare än någonsin. Hon visste att hennes resa bara hade börjat, och att hon hade så mycket mer att upptäcka i dansens värld. Och med fru Andersen vid sin sida, visste hon att allt var möjligt.

Sigrid, The Brave Ballerina

Once upon a time, there was a little girl named Sigrid who lived in a small village far beyond the mountains. Sigrid had always dreamed of becoming a ballerina. She couldn't even remember a time when she wasn't dancing around her room, doing pirouettes, and jumping off furniture as if they were stages in a grand opera house.

Sigrid had a secret spot in the forest where she used to practice her dance steps. It was a glade with soft grass, surrounded by tall trees that bent like an audience. She called it her magical dance glade. Every day after school, she hurried there, changed into her favorite dress, and danced until the sunset painted the sky pink and orange.

One day, while Sigrid was dancing, she heard a rustling sound from the bushes. She stopped and looked around. Out of the bushes came a little gray rabbit with big, curious eyes. The rabbit hopped closer and sat down to watch Sigrid. "You dance beautifully," said the rabbit in a soft voice.

Sigrid laughed. "Thank you! I didn't know rabbits could talk."

"I'm not an ordinary rabbit," said the little rabbit. "I am a magical rabbit, and I have seen many great dancers. But no one dances like you."

Sigrid blushed and looked down at her feet. "Do you really think so?"

The rabbit nodded eagerly. "Absolutely. But you need a mentor. Someone who can teach you to become even better."

"But who could teach me?" Sigrid asked, curious.

The rabbit hopped closer and whispered, "There is an old ballerina who lives at the edge of the forest. She has danced on the world's biggest stages. She can help you."

Sigrid became very excited. "Where can I find her?"

"Just follow the path through the forest," said the rabbit. "You will recognize her little house. It looks like a dance school."

The next morning, Sigrid got up early, packed a small bag, and set off on the path through the forest. It was a long walk, but Sigrid thought about her goal and never felt tired. When she finally saw the house, she recognized it immediately. It was a small, charming house with a large window facing a garden full of flowers. She knocked gently on the door.

An old woman with white hair and soft eyes opened the door. "Can I help you, little friend?" she asked kindly.

Sigrid took a deep breath. "I'm Sigrid, and I dream of becoming a great ballerina. Can you help me?"

The woman smiled and opened the door wider. "Come in, dear child. I am Mrs. Andersen, and I would be honored to help you."

From that day on, Sigrid came to Mrs. Andersen every morning. Mrs. Andersen taught her the finest techniques, and they danced together in the garden. Every day, Sigrid grew stronger and more graceful. Mrs. Andersen also told stories about her own experiences as a ballerina, about the fantastic places she had visited and the incredible people she had met.

Sigrid learned that every dance had a story, and she began creating her own. She danced about princesses and dragons, about heroes and adventures. She realized that dance was not just about movements, but about expressing emotions and telling stories.

One day, Mrs. Andersen brought a surprise. "I have entered you into a big dance competition in the city," she said. "It's your chance to show the world what you can do."

Sigrid was both nervous and excited. She had never danced in front of a large audience before. But she remembered everything Mrs. Andersen had taught her and felt ready.

On the day of the competition, the city's theater was packed. Sigrid stood backstage, feeling butterflies in her stomach. When her name was called, she took a deep breath and stepped forward. Music began to play, and Sigrid started to dance. She thought about her magical dance glade, about the little rabbit, and about Mrs. Andersen. She danced with all her heart.

When the music stopped, the audience stood up and applauded. Sigrid smiled broadly and bowed deeply. She had done it! She had shown the world her dance.

After the competition, Mrs. Andersen came to her with tears in her eyes. "I am so proud of you, Sigrid," she said. "You have a gift, and you have worked so hard to achieve your dream."

Sigrid hugged Mrs. Andersen tightly. "Thank you for everything, Mrs. Andersen. I couldn't have done it without you."

As they walked home through the forest that evening, Sigrid looked up at the stars and felt happier than ever. She knew that her journey had just begun, and that she had so much more to discover in the world of dance. And with Mrs. Andersen by her side, she knew that anything was possible.

Ett Magiskt Äventyr

Det var en gång en liten flicka vid namn Freja som bodde i en liten by omgiven av djupa skogar och höga berg. Freja var känd i hela byn för sin oändliga fantasi och sina vilda historier. Men det var en speciell berättelse som alltid fångade allas uppmärksamhet – berättelsen om den magiska enhörningen, Lyckan.

En dag när Freja var på väg hem från skolan, såg hon något glittra i buskarna vid skogsbrynet. Nyfiken som hon var, skyndade hon sig fram och fann en liten, gnistrande fjäder. Freja visste genast att detta inte var någon vanlig fjäder. Den var skimrande vit med regnbågsfärgade reflektioner, precis som de fjädrar som enhörningen i hennes berättelser hade.

Freja bestämde sig för att följa spåret av fjädrar som ledde djupt in i skogen. Hon gick längre och längre tills hon kom till en glänta hon aldrig sett förut. Mitt i gläntan stod en magnifik enhörning med en glänsande, silvrig man och en spiralformad horn som strålade av regnbågens alla färger.

"Du måste vara Lyckan," viskade Freja med stora ögon.

Enhörningen nickade långsamt och böjde sitt huvud mot henne. "Ja, jag är Lyckan," svarade enhörningen med en mjuk, melodisk röst. "Och jag har väntat på dig, Freja."

Freja kände sig plötsligt väldigt speciell. "Varför har du väntat på mig?"

"För att du har hjärtat fullt av tro och mod," sa Lyckan. "Och jag behöver din hjälp. Skogen är i fara, och bara en renhjärtad människa kan rädda den."

Freja kände en våg av beslutsamhet svepa över sig. "Berätta vad jag kan göra," sa hon utan att tveka.

Lyckan förklarade att den magiska skogen var på väg att försvinna för att dess magi höll på att blekna. Den enda räddningen var att finna tre förlorade magiska kristaller som var spridda över tre farliga platser: Drakens Grotta, Trollens Berg och Den Mörka Sjön.

Freja tvekade inte. "Vi klarar det tillsammans, Lyckan," sa hon och klättrade upp på enhörningens rygg. Tillsammans gav de sig iväg på ett storslaget äventyr.

Deras första stopp var Drakens Grotta. Grottan var mörk och kall, och skuggor dansade längs väggarna. Men Freja och Lyckan vågade sig djupare in. Plötsligt möttes de av en gigantisk drake med glödande ögon och skinande fjäll.

"Vem vågar sig in i min grotta?" röt draken.

Freja steg fram modigt. "Vi är här för att hitta den magiska kristallen och rädda skogen."

Draken skrattade hånfullt. "Den kristallen är min skatt! Men om du klarar mitt prov, kan du få den."

Drakens prov bestod av att lösa en komplicerad gåta. Med Lyckans hjälp tänkte Freja noggrant och lyckades till slut lösa gåtan. Draken, imponerad av hennes intelligens och mod, gav henne den första kristallen.

Nästa stopp var Trollens Berg. Här möttes de av ett stort, stökigt gäng med troll som skrattade och hånade dem. Trollens ledare, en enorm troll med tre huvuden, utmanade dem till en tävling i styrka.

Freja visste att hon inte kunde vinna i styrka, men hon tänkte snabbt och föreslog en tävling i list och smidighet istället. Trollens ledare, säker på sin seger, gick med på det. Genom listiga manövrar och snabbhet, lyckades Freja och Lyckan överlista trollen och vann den andra kristallen.

Deras sista stopp var Den Mörka Sjön. Här var atmosfären kuslig och dimmig. Freja och Lyckan stod inför en stor, svävande skugga som skyddade den sista kristallen. Skuggan viskade olycksbådande ord och försökte skrämma dem.

Freja, fylld av mod och med Lyckan vid sin sida, stod emot skuggans skräckinjagande krafter. Hon tog fram fjädern hon hittat och använde dess magi för att lysa upp sjön. Ljuset drev bort skuggan och avslöjade den sista kristallen.

Med alla tre kristaller i sin ägo återvände Freja och Lyckan till skogens hjärta. De placerade kristallerna i en urgammal stencirkel, och genast började skogen återfå sin magi. Träd och blommor började blomma, djur vaknade till liv och allt fylldes av en förtrollande glans.

Lyckan bugade djupt för Freja. "Du har räddat skogen, Freja. Din mod och tro har återfört magin."

Freja kände sig stolt och glad. "Vi gjorde det tillsammans, Lyckan."

När de återvände till byn, möttes de av jublande människor. Freja blev en hjälte, inte bara för sin fantasi, utan för sitt mod och sitt hjärta. Lyckan återvände till skogen men lovade att alltid vaka över Freja och hennes by.

Freja fortsatte att berätta sina magiska historier, men nu visste alla att det inte bara var historier. Det var äkta äventyr som inspirerade alla att tro på magi och på sig själva.

A Magical Adventure

———

Once upon a time, there was a little girl named Freja who lived in a small village surrounded by deep forests and high mountains. Freja was known throughout the village for her boundless imagination and wild stories. But there was one particular tale that always captured everyone's attention – the story of the magical unicorn, Lyckan.

One day, when Freja was on her way home from school, she saw something glittering in the bushes at the forest edge. Curious as always, she hurried over and found a small, sparkling feather. Freja immediately knew this was no ordinary feather. It was shimmering white with rainbow-colored reflections, just like the feathers the unicorn in her stories had.

Freja decided to follow the trail of feathers that led deep into the forest. She walked further and further until she came to a glade she had never seen before. In the middle of the glade stood a magnificent unicorn with a shining, silvery mane and a spiral horn that glowed with all the colors of the rainbow.

"You must be Lyckan," whispered Freja with wide eyes.

The unicorn nodded slowly and lowered its head toward her. "Yes, I am Lyckan," the unicorn replied in a soft, melodic voice. "And I have been waiting for you, Freja."

Freja suddenly felt very special. "Why have you been waiting for me?"

"Because you have a heart full of faith and courage," said Lyckan. "And I need your help. The forest is in danger, and only a pure-hearted human can save it."

Freja felt a wave of determination sweep over her. "Tell me what I can do," she said without hesitation.

Lyckan explained that the magical forest was about to disappear because its magic was fading. The only salvation was to find three lost magical crystals scattered across three dangerous places: the Dragon's Cave, the Troll's Mountain, and the Dark Lake.

Freja did not hesitate. "We can do it together, Lyckan," she said and climbed onto the unicorn's back. Together they set off on a grand adventure.

Their first stop was the Dragon's Cave. The cave was dark and cold, and shadows danced along the walls. But Freja and Lyckan dared to go deeper. Suddenly, they were confronted by a gigantic dragon with glowing eyes and shimmering scales.

"Who dares enter my cave?" roared the dragon.

Freja stepped forward bravely. "We are here to find the magical crystal and save the forest."

The dragon laughed mockingly. "That crystal is my treasure! But if you can pass my test, you may have it."

The dragon's test consisted of solving a complicated riddle. With Lyckan's help, Freja thought carefully and eventually solved the riddle. The dragon, impressed by her intelligence and courage, gave her the first crystal.

The next stop was the Troll's Mountain. Here they were met by a large, rowdy gang of trolls who laughed and jeered at them. The leader of the trolls, a huge troll with three heads, challenged them to a contest of strength.

Freja knew she couldn't win in strength, but she thought quickly and suggested a contest of wits and agility instead. The troll leader, confident of his victory, agreed. Through clever maneuvers and speed, Freja and Lyckan outwitted the trolls and won the second crystal.

Their last stop was the Dark Lake. Here the atmosphere was eerie and misty. Freja and Lyckan faced a large, hovering shadow that guarded the final crystal. The shadow whispered ominous words and tried to scare them.

Freja, filled with courage and with Lyckan by her side, resisted the shadow's terrifying powers. She took out the feather she had found and used its magic to illuminate the lake. The light drove away the shadow, revealing the final crystal.

With all three crystals in their possession, Freja and Lyckan returned to the heart of the forest. They placed the crystals in an ancient stone circle, and immediately the forest began to regain its magic. Trees and flowers bloomed, animals awoke, and everything was filled with an enchanting glow.

Lyckan bowed deeply to Freja. "You have saved the forest, Freja. Your courage and faith have restored the magic."

Freja felt proud and happy. "We did it together, Lyckan."

When they returned to the village, they were greeted by cheering people. Freja became a hero, not only for her imagination but for her courage and her heart. Lyckan returned to the forest but promised to always watch over Freja and her village.

Freja continued to tell her magical stories, but now everyone knew they were not just stories. They were real adventures that inspired everyone to believe in magic and in themselves.

Mirakelboken: Ett Sagolikt Äventyr

Det var en gång en liten pojke vid namn Albin som bodde i en liten by vid kanten av en stor, mystisk skog. Albin var en nyfiken och äventyrslysten pojke som älskade att utforska skogen och skapa sina egna fantasifulla berättelser. Men inget äventyr han någonsin upplevt kunde mäta sig med det som väntade honom en regnig eftermiddag.

En dag när regnet smattrade mot fönsterrutorna och vinden tjöt genom byn, bestämde sig Albin för att besöka byns gamla bibliotek. Biblioteket var en gammal, dammig byggnad med långa, smala korridorer fyllda med böcker som verkade ha funnits där i evigheter.

Albin hade alltid känt en speciell dragning till biblioteket. Det var som om böckerna där inne viskade hemligheter till honom. När han gick längs de knarrande gångarna, fångade en särskild bok hans uppmärksamhet. Den stod högst upp på en hylla längst in i ett hörn. Boken hade ett glittrande guldomslag och såg ut som om den sällan, om ens någonsin, hade blivit öppnad.

Nyfiken klättrade Albin upp på en stol för att nå boken. När han öppnade den, kände han en märklig värme strömma genom kroppen. Sidorna var fyllda med blanka, vita ark, utan ett enda skrivet ord. Besviken skulle Albin just stänga boken när han hörde en svag röst.

"Hej där, unge vän," sa rösten. "Jag är Mirakelboken. Varför så bråttom? Det riktiga äventyret har just börjat."

Albin blinkade förvånat och tittade sig omkring, men det fanns ingen där. Rösten måste ha kommit från boken. "Men... du är ju tom," stammade Albin.

"Det är just det som är poängen," svarade boken. "Jag är en magisk bok, och jag kan ta dig till de mest fantastiska platserna du kan tänka dig. Men du måste tro på magi och vara redo för äventyr."

Albin log brett. "Jag är alltid redo för äventyr! Vad ska jag göra?"

"Bara lägg din hand på min sida och tänk på det mest spännande äventyr du kan föreställa dig," instruerade Mirakelboken.

Albin gjorde som boken sa, och genast började sidorna att lysa och snurra runt honom. Han kände en virvelvind som lyfte honom från marken, och innan han visste ordet av, befann han sig i en helt annan värld.

Han stod nu i en förtrollad skog med träd som glittrade av magiskt ljus och färgglada fåglar som sjöng de mest underbara melodier. Albin visste att detta var början på ett äventyr han aldrig skulle glömma.

Plötsligt dök en liten älva upp framför honom. "Hej, jag är Luna," sa hon med en gnistrande röst. "Välkommen till Mirakelskogen. Vi behöver din hjälp!"

Albin blev genast nyfiken. "Vad behöver ni hjälp med?"

"En ond trollkarl har stulit vår skogs magiska kristall, och utan den kommer alla magiska varelser här att förlora sina krafter," förklarade Luna sorgset.

Albin kände en våg av beslutsamhet. "Vi måste hitta kristallen och besegra trollkarlen," sa han. "Jag hjälper er!"

Luna ledde Albin genom skogen, där de mötte alla möjliga fantastiska varelser – från talande träd till vänliga jättar. Var och en av dem gav Albin ledtrådar och hjälpmedel för att klara av sitt uppdrag.

Efter en lång resa nådde de trollkarlens fästning, ett mörkt och hotfullt slott med höga torn och djupa vallgravar. Albin och Luna smög sig in genom en hemlig gång och fann snart trollkarlen, som höll den magiska kristallen i sina långa, beniga händer.

"Så, du tror att du kan ta tillbaka kristallen?" hånade trollkarlen.

Albin kände sitt hjärta bulta, men han stod fast. "Ja, det tror jag."

Med hjälp av de magiska föremål han samlat på vägen, lyckades Albin överlista trollkarlen. Han använde en magisk spegel som reflekterade trollkarlens egen kraft tillbaka mot honom, och trollkarlen förlorade sitt grepp om kristallen. Luna flög fram och tog kristallen.

När de återvände till skogen med kristallen, började allt att lysa och stråla. Magin återvände, och alla varelser firade Albin som en hjälte.

"Du gjorde det, Albin!" utropade Luna. "Du räddade oss alla."

Albin log stolt. "Jag kunde inte ha gjort det utan er hjälp."

Just då kände Albin en välbekant virvelvind omkring sig. Han höll fortfarande Mirakelboken i handen, och innan han visste ordet av, var han tillbaka i biblioteket. Boken låg nu tyst och stilla, men Albin visste att den alltid skulle vara där, redo för nästa äventyr.

När Albin lämnade biblioteket den dagen, visste han att världen var full av magi, bara man var villig att tro på den. Och han visste att han alltid skulle ha Mirakelboken som sin trogna följeslagare, redo att ta honom på nya, spännande äventyr när helst han behövde det.

The Miracle Book: A Fairytale Adventure

Once upon a time, there was a little boy named Albin who lived in a small village on the edge of a large, mysterious forest. Albin was a curious and adventurous boy who loved exploring the forest and creating his own imaginative stories. But no adventure he had ever experienced could compare to the one that awaited him on a rainy afternoon.

One day, when the rain was tapping against the windowpanes and the wind was howling through the village, Albin decided to visit the village's old library. The library was an ancient, dusty building with long, narrow corridors filled with books that seemed to have been there forever.

Albin had always felt a special pull towards the library. It was as if the books inside whispered secrets to him. As he walked along the creaking aisles, a particular book caught his attention. It stood at the very top of a shelf in a far corner. The book had a glittering gold cover and looked as if it had rarely, if ever, been opened.

Curious, Albin climbed onto a chair to reach the book. When he opened it, he felt a strange warmth flow through his body. The pages were filled with blank, white sheets, without a single written word. Disappointed, Albin was about to close the book when he heard a faint voice.

"Hello there, young friend," said the voice. "I am the Miracle Book. Why the rush? The real adventure has just begun."

Albin blinked in surprise and looked around, but there was no one there. The voice must have come from the book. "But... you are empty," Albin stammered.

"That's exactly the point," replied the book. "I am a magical book, and I can take you to the most fantastic places you can imagine. But you must believe in magic and be ready for adventure."

Albin grinned widely. "I am always ready for adventure! What should I do?"

"Just place your hand on my page and think of the most exciting adventure you can imagine," instructed the Miracle Book.

Albin did as the book said, and immediately the pages began to glow and spin around him. He felt a whirlwind lift him from the ground, and before he knew it, he was in a completely different world.

He now stood in an enchanted forest with trees that glittered with magical light and colorful birds that sang the most wonderful melodies. Albin knew this was the beginning of an adventure he would never forget.

Suddenly, a little fairy appeared before him. "Hello, I am Luna," she said with a sparkling voice. "Welcome to the Miracle Forest. We need your help!"

Albin was immediately curious. "What do you need help with?"

"An evil wizard has stolen our forest's magical crystal, and without it, all the magical creatures here will lose their powers," explained Luna sadly.

Albin felt a wave of determination. "We must find the crystal and defeat the wizard," he said. "I will help you!"

Luna led Albin through the forest, where they met all sorts of fantastic creatures – from talking trees to friendly giants. Each of them gave Albin clues and tools to help him complete his mission.

After a long journey, they reached the wizard's fortress, a dark and ominous castle with high towers and deep moats. Albin and Luna sneaked in through a secret passage and soon found the wizard, who was holding the magical crystal in his long, bony hands.

"So, you think you can take back the crystal?" sneered the wizard.

Albin felt his heart pound, but he stood firm. "Yes, I do."

With the help of the magical items he had collected along the way, Albin managed to outwit the wizard. He used a magical mirror that reflected the wizard's own power back at him, and the wizard lost his grip on the crystal. Luna flew forward and took the crystal.

When they returned to the forest with the crystal, everything began to glow and shine. The magic returned, and all the creatures celebrated Albin as a hero.

"You did it, Albin!" exclaimed Luna. "You saved us all."

Albin smiled proudly. "I couldn't have done it without your help."

Just then, Albin felt a familiar whirlwind around him. He was still holding the Miracle Book, and before he knew it, he was back in the library. The book now lay quiet and still, but Albin knew it would always be there, ready for the next adventure.

As Albin left the library that day, he knew that the world was full of magic, as long as you were willing to believe in it. And he knew he would always have the Miracle Book as his faithful companion, ready to take him on new, exciting adventures whenever he needed it.

En Sång för Alla

Det var en gång en liten flamingo vid namn Fiola som bodde i en lummig och vacker djungel. Fiola var inte som alla andra flamingor, för Fiola hade en helt speciell talang – hon kunde sjunga. Hennes röst var så klar och vacker att hela djungeln tystnade när hon började sjunga. Men Fiola var blyg och sjöng bara när ingen annan var i närheten.

Varje morgon flög Fiola till en avlägsen del av djungeln där hon kunde öva sina sånger i fred. Här fanns en liten sjö med klart, blått vatten och höga palmer som böjde sig över vattnet som skyddande väktare. Det var Fiolas hemliga plats, och hon kände sig trygg här.

En dag när Fiola sjöng en ny sång hon hade skrivit, hörde hon plötsligt ett prasslande ljud i buskarna. Hon tystnade genast och tittade försiktigt runt. Ut ur buskarna kom en liten apa vid namn Kiko. Han hade stora, nyfikna ögon och ett brett leende.

"Vem är du?" frågade Fiola försiktigt.

"Jag är Kiko," svarade apan glatt. "Och jag hörde dig sjunga! Du har den vackraste rösten jag någonsin hört!"

Fiola rodnade och tittade ner på sina långa, smala ben. "Tack, Kiko, men jag sjunger bara för mig själv. Jag är för blyg för att sjunga inför andra."

Kiko klappade händerna ivrigt. "Men du måste sjunga för alla! Din röst är magisk och kan göra alla i djungeln glada."

Fiola skakade på huvudet. "Jag vet inte om jag vågar."

Kiko tänkte en stund och sa sedan, "Vet du vad? Jag kan hjälpa dig. Vi kan ordna en stor konsert här vid sjön, och jag kan bjuda in alla djur i djungeln. Du behöver bara tänka på att sjunga precis som du gör nu, och jag lovar att alla kommer att älska det."

Fiola tvekade, men Kikos entusiasm var smittsam. "Okej," sa hon till slut. "Vi kan försöka."

De nästa dagarna arbetade Fiola och Kiko hårt för att förbereda konserten. Kiko sprang runt i hela djungeln och bjöd in alla djuren, medan Fiola övade sina sånger och försökte övervinna sin nervositet. Hon tänkte på hur glad hennes sång gjorde henne, och hoppades att den skulle göra samma sak för andra.

På dagen för konserten samlades djungelns alla djur vid den lilla sjön. Det var elefanter, tigrar, zebror, apor och många fler. De satt förväntansfullt och väntade på att Fiola skulle börja sjunga.

När Fiola steg fram till sjökanten kände hon fjärilar i magen. Hon tittade ut över alla de förväntansfulla ansiktena och tog ett djupt andetag. Hon slöt ögonen och började sjunga sin första sång. Hennes röst steg och föll, fylld av känsla och skönhet.

Djuren i publiken blev alldeles stilla. De hade aldrig hört något så vackert förut. Fiola fortsatte att sjunga, och ju mer hon sjöng, desto säkrare kände hon sig. Hennes röst flöt ut över sjön och upp i himlen, och det var som om hela världen lyssnade.

När hon slutade den sista sången, bröt applåder och jubel ut från publiken. Fiola log stort och kände en varm glädje sprida sig i kroppen. Hon hade övervunnit sin rädsla och delat sin gåva med andra.

Efter konserten kom alla djuren fram för att tacka henne och berätta hur mycket de hade älskat hennes sång. "Du har en fantastisk gåva, Fiola," sa en gammal sköldpadda. "Tack för att du delade den med oss."

Fiola kände sig överväldigad av all kärlek och uppskattning. "Tack, allihopa," sa hon. "Jag är så glad att ni tyckte om min sång. Det betyder mycket för mig."

Kiko klappade henne på ryggen. "Du gjorde det, Fiola! Jag visste att du kunde."

Fiola log mot sin nya vän. "Tack, Kiko. Utan din hjälp hade jag aldrig vågat."

Från den dagen sjöng Fiola inte bara för sig själv, utan för alla djuren i djungeln. Hennes sånger spred glädje och hopp, och varje gång hon sjöng, blev världen lite ljusare. Och Fiola insåg att det inte bara handlade om att ha en gåva, utan om att dela den med andra och se den glädje den kunde bringa.

A Song for Everyone

Once upon a time, there was a little flamingo named Fiola who lived in a lush and beautiful jungle. Fiola was not like the other flamingos, for Fiola had a very special talent – she could sing. Her voice was so clear and beautiful that the whole jungle would fall silent when she began to sing. But Fiola was shy and only sang when no one else was around.

Every morning, Fiola would fly to a remote part of the jungle where she could practice her songs in peace. Here was a small lake with clear, blue water and tall palm trees that bent over the water like protective guardians. It was Fiola's secret place, and she felt safe there.

One day, while Fiola was singing a new song she had written, she suddenly heard a rustling sound in the bushes. She immediately fell silent and looked around cautiously. Out of the bushes came a little monkey named Kiko. He had big, curious eyes and a wide smile.

"Who are you?" asked Fiola cautiously.

"I am Kiko," the monkey replied cheerfully. "And I heard you singing! You have the most beautiful voice I have ever heard!"

Fiola blushed and looked down at her long, slender legs. "Thank you, Kiko, but I only sing for myself. I am too shy to sing in front of others."

Kiko clapped his hands eagerly. "But you must sing for everyone! Your voice is magical and can make everyone in the jungle happy."

Fiola shook her head. "I don't know if I can."

Kiko thought for a moment and then said, "You know what? I can help you. We can organize a big concert here by the lake, and I can invite all the animals in the jungle. You just need to think about singing exactly as you do now, and I promise everyone will love it."

Fiola hesitated, but Kiko's enthusiasm was contagious. "Okay," she said at last. "We can try."

Over the next few days, Fiola and Kiko worked hard to prepare for the concert. Kiko ran around the entire jungle, inviting all the animals, while Fiola practiced her songs and tried to overcome her nervousness. She thought about how happy her singing made her and hoped it would do the same for others.

On the day of the concert, all the animals in the jungle gathered by the small lake. There were elephants, tigers, zebras, monkeys, and many more. They sat expectantly, waiting for Fiola to start singing.

When Fiola stepped up to the edge of the lake, she felt butterflies in her stomach. She looked out over all the expectant faces and took a deep breath. She closed her eyes and began to sing her first song. Her voice rose and fell, filled with emotion and beauty.

The animals in the audience became completely still. They had never heard anything so beautiful before. Fiola continued to sing, and the more she sang, the more confident she felt. Her voice floated out over the lake and up into the sky, and it was as if the whole world was listening.

When she finished the last song, applause and cheers erupted from the audience. Fiola smiled broadly and felt a warm joy spread through her body. She had overcome her fear and shared her gift with others.

After the concert, all the animals came forward to thank her and tell her how much they had loved her singing. "You have an amazing gift, Fiola," said an old tortoise. "Thank you for sharing it with us."

Fiola felt overwhelmed by all the love and appreciation. "Thank you, everyone," she said. "I am so glad you liked my singing. It means a lot to me."

Kiko patted her on the back. "You did it, Fiola! I knew you could."

Fiola smiled at her new friend. "Thank you, Kiko. Without your help, I would never have dared."

From that day on, Fiola sang not only for herself but for all the animals in the jungle. Her songs spread joy and hope, and every time she sang, the world became a little brighter. And Fiola realized that it was not just about having a gift, but about sharing it with others and seeing the joy it could bring.

Regnbågsälvan

Det var en gång en liten älva vid namn Iris som bodde i en magisk skog full av färger. Iris var inte vilken älva som helst, hon var en regnbågsälva. Hennes vingar glittrade i alla regnbågens färger, och när hon flög genom skogen spred hon ett vackert ljus som gjorde alla glada.

Iris hade en mycket speciell uppgift. Hon var ansvarig för att skapa regnbågar varje gång det hade regnat. Varje gång solen kom fram efter ett regn, flög Iris upp till himlen och bredde ut sina färgglada vingar för att skapa en strålande regnbåge. Det var ett jobb hon älskade, och hon gjorde det med glädje.

En dag när Iris flög över skogen, märkte hon att färgerna omkring henne började blekna. Blommorna såg inte lika ljusa ut, träden verkade trötta, och till och med hennes egna vingar kändes inte lika skimrande. Oroväckande flög hon till sin bästa vän, en klok gammal uggla vid namn Orla.

"Orla, något är fel," sa Iris bekymrat. "Skogens färger försvinner, och jag vet inte varför."

Orla rynkade pannan och tänkte en stund. "Det låter som om något eller någon stjäl färgerna från vår skog," sa hon till slut. "Vi måste ta reda på vem eller vad som ligger bakom detta."

Iris och Orla bestämde sig för att utforska skogen tillsammans. De besökte alla sina vänner för att se om de visste något. De frågade fjärilarna, som inte längre hade sina strålande mönster, och blommorna, som hade förlorat sina vackra nyanser. Ingen visste vad som pågick.

När de nådde skogens djupaste del, hörde de plötsligt en dämpad gråt. De följde ljudet och fann en liten, grå älva som satt ensam på en sten och torkade sina tårar.

"Vem är du?" frågade Iris vänligt och satte sig bredvid den lilla älvan.

"Jag heter Griselda," snyftade älvan. "Jag är en skuggälva. Min uppgift är att skapa skuggor, men nu har jag gjort något fruktansvärt."

Iris och Orla lyssnade noga medan Griselda berättade sin historia. Hon hade alltid känt sig avundsjuk på de andra älvorna som fick skapa vackra saker, medan hon bara skapade skuggor. I ett försök att känna sig viktig hade hon börjat samla på sig färger från skogen, utan att inse vilken skada det skulle göra.

"Jag ville bara vara speciell," snyftade Griselda. "Men nu har jag förstört allt."

Iris lade en tröstande arm runt Griselda. "Vi alla är speciella på vårt eget sätt," sa hon mjukt. "Det viktigaste är att vi använder våra gåvor för att göra gott."

Orla nickade instämmande. "Och nu har du chansen att rätta till ditt misstag."

Tillsammans med Griselda bestämde sig Iris och Orla för att återställa skogens färger. Griselda ledde dem till en hemlig grotta där hon hade gömt alla färgerna. Med hjälp av sin magi släppte

Iris tillbaka färgerna till skogen. Blommorna återfick sina strålande nyanser, träden blev gröna och levande igen, och fjärilarna flög med sina vackra mönster.

Iris flög upp till himlen och skapade den mest fantastiska regnbågen skogen någonsin sett. När solen sken genom regnbågen, fylldes hela skogen med ett glittrande ljus.

"Se, Griselda," sa Iris och pekade på regnbågen. "Även skuggor är viktiga, för utan dem skulle vi inte kunna se ljuset lika klart. Din uppgift är lika viktig som vår."

Griselda log försiktigt. "Tack, Iris. Jag förstår det nu."

Från den dagen blev Griselda en älva som skapade de vackraste skuggorna som framhävde skogens färger på ett sätt ingen hade sett förut. Hon blev vän med de andra älvorna och kände sig äntligen speciell på sitt eget sätt.

Och varje gång det regnade och Iris skapade en regnbåge, stod Griselda vid hennes sida och skapade vackra skuggor som gjorde regnbågen ännu mer strålande. Skogen var återigen full av färger och glädje, tack vare samarbete och vänskap mellan alla älvor.

The Rainbow Fairy

Once upon a time, there was a little fairy named Iris who lived in a magical forest full of colors. Iris was not just any fairy, she was a rainbow fairy. Her wings sparkled in all the colors of the rainbow, and when she flew through the forest, she spread a beautiful light that made everyone happy.

Iris had a very special task. She was responsible for creating rainbows every time it rained. Whenever the sun came out after a rain, Iris would fly up to the sky and spread her colorful wings to create a radiant rainbow. It was a job she loved, and she did it with joy.

One day, as Iris flew over the forest, she noticed that the colors around her were starting to fade. The flowers didn't look as bright, the trees seemed tired, and even her own wings didn't feel as shimmering. Worried, she flew to her best friend, a wise old owl named Orla.

"Orla, something is wrong," said Iris anxiously. "The colors of the forest are disappearing, and I don't know why."

Orla frowned and thought for a moment. "It sounds like someone or something is stealing the colors from our forest," she said at last. "We need to find out who or what is behind this."

Iris and Orla decided to explore the forest together. They visited all their friends to see if they knew anything. They asked the butterflies, who no longer had their radiant patterns, and the flowers, which had lost their beautiful shades. No one knew what was going on.

When they reached the deepest part of the forest, they suddenly heard a muffled sob. They followed the sound and found a small, gray fairy sitting alone on a stone, wiping her tears.

"Who are you?" asked Iris kindly, sitting down next to the little fairy.

"My name is Griselda," sobbed the fairy. "I am a shadow fairy. My task is to create shadows, but now I have done something terrible."

Iris and Orla listened intently as Griselda told her story. She had always felt jealous of the other fairies who got to create beautiful things, while she only created shadows. In an attempt to feel important, she had started collecting colors from the forest, not realizing the harm it would cause.

"I just wanted to be special," sobbed Griselda. "But now I have ruined everything."

Iris put a comforting arm around Griselda. "We are all special in our own way," she said gently. "The most important thing is that we use our gifts to do good."

Orla nodded in agreement. "And now you have the chance to fix your mistake."

Together with Griselda, Iris and Orla decided to restore the colors of the forest. Griselda led them to a secret cave where she had hidden all the colors. Using her magic, Iris released the colors back into the forest. The flowers regained their radiant shades, the trees became green and lively again, and the butterflies flew with their beautiful patterns.

Iris flew up to the sky and created the most fantastic rainbow the forest had ever seen. As the sun shone through the rainbow, the entire forest was filled with a glittering light.

"Look, Griselda," said Iris, pointing to the rainbow. "Even shadows are important, for without them we wouldn't be able to see the light as clearly. Your task is just as important as ours."

Griselda smiled cautiously. "Thank you, Iris. I understand that now."

From that day on, Griselda became a fairy who created the most beautiful shadows that highlighted the forest's colors in a way no one had seen before. She became friends with the other fairies and finally felt special in her own way.

And every time it rained and Iris created a rainbow, Griselda stood by her side and created beautiful shadows that made the rainbow even more radiant. The forest was once again full of colors and joy, thanks to the cooperation and friendship between all the fairies.

Prinsessan Klara och Det Magiska Riket

Det var en gång en liten prinsessa vid namn Klara som bodde i ett stort, glittrande slott. Klara var inte som andra prinsessor – hon hade ett hjärta fullt av äventyr och en nyfikenhet som aldrig tycktes ta slut. Hon älskade att utforska de dolda gångarna i slottet och drömde om att upptäcka magiska riken bortom slottets murar.

En dag när Klara var ute på en av sina upptäcktsfärder, hittade hon en gammal, dammig bok gömd längst bak i slottets bibliotek. Boken var täckt av mystiska symboler och såg ut att ha legat där i många århundraden. Nyfiken som hon var, öppnade Klara boken och började läsa.

Boken berättade om ett magiskt rike som låg bortom skogen, ett rike fullt av förtrollade varelser och äventyr. I riket fanns en spegel som kunde uppfylla en enda önskan för den som fann den. Klara kände hur hennes hjärta slog snabbare. Hon visste att hon måste hitta det magiska riket och spegeln.

Nästa morgon gav sig Klara av på sitt äventyr. Hon bar på en liten ryggsäck fylld med mat, vatten och den gamla boken. Hon vandrade genom den täta skogen, följde de ledtrådar hon funnit i boken, och efter många timmar av vandring nådde hon fram till en stor, gyllene port. Porten var prydd med intrikata mönster och glänste i solens ljus.

Klara tog ett djupt andetag och knackade på porten. Till hennes förvåning öppnades den långsamt och avslöjade en vacker trädgård fylld med blommor i alla regnbågens färger. Mitt i trädgården stod en stor spegel omgiven av en ring av blommor.

Precis när Klara skulle närma sig spegeln, hörde hon en röst bakom sig. "Välkommen, prinsessa Klara," sa rösten. Klara vände sig om och såg en vacker älva med glimrande vingar och ett vänligt leende.

"Jag är Liora, älvdrottningen," sa älvan. "Jag har väntat på dig."

Klara bugade sig artigt. "Jag har läst om det här magiska riket och spegeln i en gammal bok. Är det sant att spegeln kan uppfylla en önskan?"

Liora nickade. "Ja, det är sant. Men för att spegeln ska uppfylla din önskan måste du först visa att du är värdig."

Klara rynkade pannan. "Hur ska jag göra det?"

Liora log. "Genom att utföra tre uppdrag som visar ditt mod, din vänlighet och din visdom."

Klara kände en blandning av spänning och nervositet. "Jag är redo," sa hon bestämt.

Liora ledde Klara till det första uppdraget, som var att rädda en fågel som fastnat i ett nät högt uppe i ett träd. Klara klättrade modigt upp i trädet, trots att hon var rädd för höjder, och befriade fågeln. Fågeln sjöng en tacksam sång och flög iväg.

För det andra uppdraget skulle Klara hitta en försvunnen blomma som var nödvändig för att hela en sjuk enhörning. Hon sökte i hela trädgården och fann till slut blomman gömd under ett tätt buskage. Hon gav blomman till enhörningen, som snabbt återhämtade sig och gav Klara ett vänligt gnägg.

Det tredje uppdraget var att lösa en svår gåta. En gammal trollkarl gav Klara en gåta som verkade omöjlig att lösa. Men Klara tänkte djupt och använde all sin visdom och kunskap. Till slut hittade hon svaret och trollkarlen log nöjt.

"Du har visat mod, vänlighet och visdom," sa Liora. "Nu är du värdig att få din önskan uppfylld."

Klara gick fram till spegeln och tänkte noga. Hon visste att hon kunde önska sig vad som helst, men hennes hjärta visste vad som var viktigast. Hon blundade och önskade att alla i hennes kungarike skulle vara lyckliga och friska.

Spegeln glimmade till och ett varmt ljus omgav Klara. När hon öppnade ögonen stod hon tillbaka vid sitt slott, men något hade förändrats. Hela kungariket kändes ljusare och gladare. Människor log och skrattade, och det kändes som om en tung börda hade lyfts.

Liora visade sig bredvid Klara. "Din önskan var osjälvisk och god. Det är därför den uppfylldes."

Klara log och kände sig mer nöjd än någonsin. Hon hade lärt sig att den största magin inte låg i att få allt man önskade sig, utan i att göra gott för andra.

Från den dagen fortsatte Klara att utforska sitt kungarike med ett hjärta fullt av kärlek och vänlighet. Och varje gång det regnade och en regnbåge spred sina färger över himlen, tänkte Klara på sitt äventyr och visste att magin alltid fanns där för dem som trodde på den.

Princess Klara and the Magical Kingdom

Once upon a time, there was a little princess named Klara who lived in a large, glittering castle. Klara was not like other princesses – she had a heart full of adventure and a curiosity that never seemed to end. She loved exploring the hidden corridors of the castle and dreamed of discovering magical realms beyond the castle walls.

One day, while Klara was out on one of her explorations, she found an old, dusty book hidden at the back of the castle library. The book was covered in mysterious symbols and looked like it had been there for many centuries. Curious as she was, Klara opened the book and began to read.

The book told of a magical kingdom beyond the forest, a realm full of enchanted creatures and adventures. In this kingdom, there was a mirror that could grant a single wish to the one who found it. Klara felt her heart beat faster. She knew she had to find this magical kingdom and the mirror.

The next morning, Klara set off on her adventure. She carried a small backpack filled with food, water, and the old book. She wandered through the dense forest, following the clues she found in the book, and after many hours of walking, she reached a large, golden gate. The gate was adorned with intricate patterns and gleamed in the sunlight.

Klara took a deep breath and knocked on the gate. To her surprise, it slowly opened, revealing a beautiful garden filled with flowers in all the colors of the rainbow. In the middle of the garden stood a large mirror surrounded by a ring of flowers.

Just as Klara was about to approach the mirror, she heard a voice behind her. "Welcome, Princess Klara," said the voice. Klara turned around and saw a beautiful fairy with shimmering wings and a kind smile.

"I am Liora, the fairy queen," said the fairy. "I have been waiting for you."

Klara curtsied politely. "I read about this magical kingdom and the mirror in an old book. Is it true that the mirror can grant a wish?"

Liora nodded. "Yes, it is true. But for the mirror to grant your wish, you must first prove yourself worthy."

Klara frowned. "How do I do that?"

Liora smiled. "By completing three tasks that show your courage, kindness, and wisdom."

Klara felt a mix of excitement and nervousness. "I am ready," she said firmly.

Liora led Klara to the first task, which was to rescue a bird trapped in a net high up in a tree. Klara bravely climbed the tree, despite her fear of heights, and freed the bird. The bird sang a grateful song and flew away.

For the second task, Klara had to find a lost flower that was necessary to heal a sick unicorn. She searched the entire garden and finally found the flower hidden under a dense bush. She gave the flower to the unicorn, which quickly recovered and gave Klara a friendly neigh.

The third task was to solve a difficult riddle. An old wizard gave Klara a riddle that seemed impossible to solve. But Klara thought deeply and used all her wisdom and knowledge. Eventually, she found the answer and the wizard smiled with satisfaction.

"You have shown courage, kindness, and wisdom," said Liora. "Now you are worthy to have your wish granted."

Klara walked up to the mirror and thought carefully. She knew she could wish for anything, but her heart knew what was most important. She closed her eyes and wished that everyone in her kingdom would be happy and healthy.

The mirror glimmered and a warm light surrounded Klara. When she opened her eyes, she was back at her castle, but something had changed. The entire kingdom felt brighter and happier. People were smiling and laughing, and it felt as if a heavy burden had been lifted.

Liora appeared beside Klara. "Your wish was selfless and good. That is why it was granted."

Klara smiled and felt more content than ever. She had learned that the greatest magic did not lie in getting everything one wished for, but in doing good for others.

From that day on, Klara continued to explore her kingdom with a heart full of love and kindness. And every time it rained and a rainbow spread its colors across the sky, Klara thought of her adventure and knew that magic was always there for those who believed in it.

Fia och Det Stora Äventyret

Det var en gång en liten fjäril vid namn Fia som bodde i en färgglad trädgård full av blommor och växter. Fia var inte som de andra fjärilarna. Med sina glänsande, blå och lila vingar drömde hon alltid om stora äventyr bortom trädgårdens gränser.

Fia hade en bästa vän, en nyckelpiga som hette Lasse. De två vännerna älskade att utforska trädgården tillsammans, men Fia kände alltid en längtan efter att upptäcka världen utanför. "Tänk om det finns något magiskt där ute som vi aldrig har sett?" brukade hon säga till Lasse.

En dag bestämde sig Fia för att följa sin dröm. "Lasse, jag ska ge mig ut på ett stort äventyr," sa hon bestämt. "Vill du följa med?"

Lasse skakade på huvudet. "Jag är för liten och rädd för världen utanför," svarade han. "Men jag kommer att sakna dig och hoppas att du hittar vad du söker."

Med en blandning av spänning och nervositet flög Fia upp i himlen och lämnade trädgården bakom sig. Hon flög över ängar och skogar, och upptäckte snart en stor, glittrande sjö. Vattnet skimrade i solen och Fia kunde se sin reflektion i ytan.

När hon flög ner för att vila vid sjön, träffade hon en gammal, vis groda vid namn Gert. "Vad gör en liten fjäril som du så långt hemifrån?" frågade Gert med en vänlig röst.

"Jag söker efter äventyr och magi," svarade Fia. "Jag vill se vad världen har att erbjuda."

Gert nickade och log. "Jag förstår. Men kom ihåg att magi finns överallt, även i de minsta sakerna."

Fia fortsatte sin resa och flög över höga berg och genom djupa dalar. Hon mötte många varelser på vägen, var och en med sin egen historia. Hon hjälpte en liten ekorre att hitta sin väg hem, tröstade en gråtande harunge som tappat sin mor, och till och med hjälpte en förlorad uggla att hitta tillbaka till sitt bo.

Under sin resa lärde sig Fia mycket om världen och om sig själv. Hon upptäckte att mod och vänlighet var den största magin av alla. Varje gång hon hjälpte någon, kände hon sig lite mer hemma i den stora världen.

Efter många dagar av äventyr började Fia känna en längtan tillbaka till sin trädgård och sin vän Lasse. Hon flög tillbaka över bergen och skogarna, över ängarna och till slut var hon hemma igen.

Lasse väntade på henne vid trädgårdens kant. "Fia! Du är tillbaka!" ropade han glatt.

"Ja, Lasse," svarade Fia med ett stort leende. "Och jag har så många historier att berätta för dig."

De två vännerna satt tillsammans i trädgården medan Fia berättade om alla sina äventyr och de varelser hon mött. Hon berättade om Gert, den vise grodan, och alla hon hjälpt på vägen.

"Men vet du vad, Lasse?" sa Fia till slut. "Jag upptäckte att den största magin finns här, i vår egen trädgård, bland våra vänner och familj."

Lasse log och nickade. "Jag visste att du skulle hitta något speciellt," sa han. "Välkommen hem, Fia."

Från den dagen fortsatte Fia att utforska sin trädgård med nya ögon. Hon såg skönheten och magin i varje liten blomma och varje vänligt ansikte. Och även om hon ibland drömde om nya äventyr, visste hon att hon alltid hade ett hem att komma tillbaka till.

Fia and The Great Adventure

Once upon a time, there was a little butterfly named Fia who lived in a colorful garden full of flowers and plants. Fia was not like the other butterflies. With her shimmering blue and purple wings, she always dreamed of great adventures beyond the garden's borders.

Fia had a best friend, a ladybug named Lasse. The two friends loved exploring the garden together, but Fia always felt a longing to discover the world outside. "What if there's something magical out there that we've never seen?" she would say to Lasse.

One day, Fia decided to follow her dream. "Lasse, I'm going on a great adventure," she said determinedly. "Will you come with me?"

Lasse shook his head. "I'm too small and afraid of the world outside," he replied. "But I will miss you and hope you find what you're looking for."

With a mix of excitement and nervousness, Fia flew up into the sky, leaving the garden behind. She flew over meadows and forests, and soon discovered a large, shimmering lake. The water sparkled in the sun, and Fia could see her reflection in the surface.

As she flew down to rest by the lake, she met an old, wise frog named Gert. "What is a little butterfly like you doing so far from home?" Gert asked kindly.

"I'm looking for adventure and magic," Fia replied. "I want to see what the world has to offer."

Gert nodded and smiled. "I understand. But remember, magic can be found everywhere, even in the smallest things."

Fia continued her journey, flying over high mountains and through deep valleys. She met many creatures along the way, each with their own story. She helped a little squirrel find its way home, comforted a crying bunny who had lost its mother, and even helped a lost owl find its way back to its nest.

During her journey, Fia learned a lot about the world and about herself. She discovered that courage and kindness were the greatest magic of all. Every time she helped someone, she felt a little more at home in the big world.

After many days of adventure, Fia began to feel a longing to return to her garden and her friend Lasse. She flew back over the mountains and forests, over the meadows, and finally, she was home again.

Lasse was waiting for her at the edge of the garden. "Fia! You're back!" he shouted happily.

"Yes, Lasse," Fia replied with a big smile. "And I have so many stories to tell you."

The two friends sat together in the garden while Fia recounted all her adventures and the creatures she had met. She told him about Gert, the wise frog, and everyone she had helped along the way.

"But you know what, Lasse?" Fia said at last. "I discovered that the greatest magic is right here, in our own garden, among our friends and family."

Lasse smiled and nodded. "I knew you would find something special," he said. "Welcome home, Fia."

From that day on, Fia continued to explore her garden with new eyes. She saw the beauty and magic in every little flower and every friendly face. And even though she sometimes dreamed of new adventures, she knew she always had a home to return to.

Mimmi och Stjärnornas Hemlighet

Det var en gång en liten flicka som hette Mimmi, som bodde i en liten by vid havets kant. Varje kväll, när solen hade gått ner och stjärnorna började tändas på himlen, satt Mimmi på sin favoritklippa och tittade upp mot månen. Månens ljus lyste över havet och skapade en magisk glittrande väg över vattnet. Mimmi brukade drömma om vad som fanns på andra sidan den vägen.

En natt, när månen var full och lysande starkare än någonsin, hände något märkligt. Mimmi satt på sin vanliga plats och tittade upp mot månen när hon plötsligt hörde en viskning. "Mimmi, Mimmi," hördes det svagt.

Hon tittade sig omkring, men såg ingen. "Vem är det?" frågade hon försiktigt.

"Det är jag, Månen," svarade rösten. "Jag behöver din hjälp."

Mimmi blev förvånad men samtidigt nyfiken. "Hur kan jag hjälpa dig?" frågade hon.

"Mina stjärnor har förlorat sin glans," sa Månen sorgset. "Utan deras ljus kan jag inte lysa upp natten ordentligt. Jag behöver någon som kan resa till stjärnornas rike och ta reda på vad som har hänt."

Mimmi kände en blandning av rädsla och spänning. "Jag vill gärna hjälpa dig, men hur ska jag komma dit?"

Månen log mjukt och en silvrig stråle ljusade upp och svepte om Mimmi. "Följ månstrålen," sa Månen. "Den kommer att visa dig vägen."

Med en sista blick mot sitt hem, följde Mimmi månstrålen. Hon kände sig lätt som en fjäder när hon lyftes upp och flög genom natthimlen. Hon flög förbi moln och stjärnor tills hon landade på en mjuk, glittrande mark. Hon var i stjärnornas rike.

Riket var ännu mer fantastiskt än hon någonsin kunnat föreställa sig. Stjärnorna var som små varelser som dansade och glittrade överallt. Men något verkade fel. Stjärnorna såg trötta och ledsna ut.

"Varför är ni så ledsna?" frågade Mimmi en liten stjärna som satt ensam och gnistrade svagt.

"Vi har förlorat vår glans," svarade stjärnan sorgset. "En ond skugga har tagit över vårt ljus och vi kan inte lysa längre."

Mimmi tänkte djupt. "Vad kan vi göra för att få tillbaka er glans?"

Stjärnan tittade upp på henne med hoppfulla ögon. "Vi behöver någon som är modig och snäll för att konfrontera skuggan och återställa vårt ljus."

Mimmi kände ett plötsligt mod växa inom sig. "Jag ska hjälpa er. Visa mig vägen till skuggan."

Den lilla stjärnan ledde Mimmi genom det glittrande riket till en mörk grotta där skuggan bodde. Mimmi tog ett djupt andetag och steg in i grottan. Inuti var det kallt och mörkt, och en djup röst ekade genom rummet.

"Vem vågar komma hit?" mullrade skuggan.

"Det är jag, Mimmi," svarade hon med en stark röst. "Jag har kommit för att återställa stjärnornas ljus."

Skuggan skrattade hånfullt. "Och hur tänker du göra det, lilla flicka?"

Mimmi kände sitt hjärta slå snabbt, men hon tänkte på månen och stjärnorna och kände sig stark. "Jag tror på kraften av vänlighet och ljus. Jag tror på att vi alla kan lysa starkt om vi hjälper varandra."

Med dessa ord började Mimmi lysa med ett starkt, varmt ljus som fyllde hela grottan. Skuggan försökte hålla kvar sitt grepp om mörkret, men Mimmis ljus var för starkt. Skuggan bleknade bort, och plötsligt var grottan fylld av glittrande stjärnljus.

Stjärnorna hade fått tillbaka sin glans och de dansade av glädje runt Mimmi. "Tack, Mimmi," ropade de. "Du har räddat oss!"

Mimmi log och kände sig lycklig. "Det var inget," sa hon blygsamt. "Jag är bara glad att jag kunde hjälpa."

Med ett sista bländande ljus sveptes Mimmi tillbaka till månstrålen och flög hem igen. När hon landade på sin favoritklippa, såg hon upp mot månen som nu lyste starkare än någonsin.

"Tack, Mimmi," viskade Månen. "Du har gett oss alla hopp och ljus."

Mimmi log och kände en värme sprida sig i hela kroppen. Hon visste att hon alltid skulle minnas sitt äventyr och de vänner hon hade funnit bland stjärnorna. Och varje kväll, när hon satt på sin klippa och tittade upp mot månen, kände hon sig lite närmare himlen.

Mimmi and The Secret of the Stars

Once upon a time, there was a little girl named Mimmi who lived in a small village by the sea. Every evening, when the sun had set and the stars began to light up the sky, Mimmi would sit on her favorite rock and look up at the moon. The moonlight shone over the sea, creating a magical shimmering path across the water. Mimmi used to dream about what lay beyond that path.

One night, when the moon was full and shining brighter than ever, something strange happened. Mimmi was sitting in her usual spot, looking up at the moon, when she suddenly heard a whisper. "Mimmi, Mimmi," it whispered softly.

She looked around but saw no one. "Who is it?" she asked cautiously.

"It's me, the Moon," answered the voice. "I need your help."

Mimmi was surprised but also curious. "How can I help you?" she asked.

"My stars have lost their sparkle," said the Moon sadly. "Without their light, I cannot illuminate the night properly. I need someone to travel to the realm of the stars and find out what has happened."

Mimmi felt a mix of fear and excitement. "I would love to help, but how will I get there?"

The Moon smiled gently, and a silvery beam of light enveloped Mimmi. "Follow the moonbeam," said the Moon. "It will show you the way."

With one last look at her home, Mimmi followed the moonbeam. She felt as light as a feather as she was lifted up and flew through the night sky. She flew past clouds and stars until she landed on a soft, glittering ground. She was in the realm of the stars.

The realm was even more fantastic than she could have ever imagined. The stars were like little creatures dancing and glittering everywhere. But something seemed wrong. The stars looked tired and sad.

"Why are you so sad?" Mimmi asked a little star sitting alone, twinkling faintly.

"We have lost our sparkle," replied the star sadly. "An evil shadow has taken over our light, and we can no longer shine."

Mimmi thought deeply. "What can we do to get your sparkle back?"

The star looked up at her with hopeful eyes. "We need someone who is brave and kind to confront the shadow and restore our light."

Mimmi felt a sudden courage grow within her. "I will help you. Show me the way to the shadow."

The little star led Mimmi through the glittering realm to a dark cave where the shadow dwelled. Mimmi took a deep breath and stepped into the cave. Inside, it was cold and dark, and a deep voice echoed through the room.

"Who dares to come here?" rumbled the shadow.

"It's me, Mimmi," she replied with a strong voice. "I have come to restore the stars' light."

The shadow laughed mockingly. "And how do you plan to do that, little girl?"

Mimmi felt her heart beating fast, but she thought of the moon and the stars and felt strong. "I believe in the power of kindness and light. I believe that we can all shine brightly if we help each other."

With these words, Mimmi began to glow with a strong, warm light that filled the entire cave. The shadow tried to maintain its grip on the darkness, but Mimmi's light was too strong. The shadow faded away, and suddenly the cave was filled with sparkling starlight.

The stars had regained their sparkle, and they danced joyfully around Mimmi. "Thank you, Mimmi," they cheered. "You have saved us!"

Mimmi smiled and felt happy. "It was nothing," she said modestly. "I'm just glad I could help."

With one last dazzling light, Mimmi was swept back to the moonbeam and flew home again. When she landed on her favorite rock, she looked up at the moon, which now shone brighter than ever.

"Thank you, Mimmi," whispered the Moon. "You have given us all hope and light."

Mimmi smiled and felt a warmth spread through her entire body. She knew that she would always remember her adventure and the friends she had found among the stars. And every evening, when she sat on her rock and looked up at the moon, she felt a little closer to the sky.

www.ingramcontent.com/pod-product-compliance
Lightning Source LLC
Chambersburg PA
CBHW052229150726
48002CB00003B/1348